障害のある子と
ともに楽しむ
インクルーシブ
運動あそび

辻内俊哉【著】

いかだ社

目次

■ プールあそび

■ ちょこっとあそび

はじめに

　今、支援の必要な子どもたちの数は増え続け、地域の支援学級や支援学校に通う子どもたちも増加の一途をたどっています。それとともに「インクルーシブ教育」ということばもよく耳にするようになりました。

　「インクルーシブ」とは「包括的」あるいは「すべてを含む」といった意味を表すことばです。決して「障害のある人たちとともにする活動」といった限定的な意味ではありません。すべての人たちの能力や文化を含めた多様性を尊重し、みんなが参加しやすく、公平な場となることをめざしていることばなのです。

　インクルーシブな活動を進める上で大切なことは、一般的な運動やあそびをそのままの形で障害のある子どもたちに提供しないことです。子どもたちには楽しい活動をしたいという要求があり、自分たちで選び取る権利があります。本人のニーズに応じた多様な活動の場が用意されていることが大切になります。

　まず、主体となる子どもたち1人ひとりの心の中にその活動を「やりたい」という気持ちがもてているかどうか。また、どんなふうに活動を楽しみたいと思っているのか。みんながともに楽しむためにはそのベースとなる個々の子どもたちに光が当たらなければなりません。

　そして、活動の場を提供し環境を整えている立場の大人（教員、指導者など）は、健常児の子どもたちと障害のある子どもたちがともに活動を進めていく中でどのように楽しむことができているのか、ていねいに見ていく必要があります。

　ただ、1人ひとりの楽しみ方は必ずしも一緒ではありません。たとえば、勝ち負けのあるゲームで、競い合うことを楽しみたい子どもは大勢います。でも、その他にもゲームの過程で扱う道具の操作そのものが楽しいと感じる子もいるでしょう。他にも「好きな〇〇さん」と一緒に活動することが楽しいと感じる子もいるかもしれません。教員や指導者は、集団で楽しむことができる活動を用意しつつ、1人ひとりの多様な活動のあり方にも気を配り「〇〇さんにとってこの活動はこういう意味がある」と、子どもたちの活動における意義と意味を意識しておくことが大切です。子ども1人ひとりを見ることなく活動全体を漠然と見ているだけでは子どもの願いに気がつくことができません。

　「あそび」には子どもの成長発達に欠かせない要素がたくさんあります。まず、「あそび」そのものが日常生活とはひと味違った独特の場であり、特別な空間です。そのような非日常的な空間で、子どもたちは日常とは違う自分を出すことができるでしょう。ふだん子どもたちが学校生活では経験できないことを味わえる機会ができるということです。非日常的空間だからこそ、新たな自分に気づき、力を発揮することができます。そして、その新しく得た力は日常生活にフィードバックされ新たなエネルギーとなり、現実の日常生活を変える原動力になるのです。結果として日常生活そのものにも広がりが生まれます。

　また、「あそび」は人と人とのつながりを生み出します。競い合ったり協力し合ったり、

人と人とが関わり合うことで新たな体の使い方に出会ったり、友だちの動きからさまざまなものを感じ取ったり、感情の交流を通して心が豊かになったりします。感情の交流が進むと他者理解も進みます。今までは「自分が自分が！」と自分を中心に日常を過ごしていた子どもが、相手の気持ちに気づくことも増えていきます。

　自閉的な傾向のある子どもたちの中には「相手の気持ちを考える」ことが難しい人もいます。でも、考えるのが難しくても、相手が困ったり怒っていたりすることは感じ取ることができます。友だちと「あそび」を共有し、感情の交流ができてきたならば、相手が困ったり怒ったりしているよりも楽しむ姿を求めたいと思うことでしょう。その葛藤こそが相手の気持ちを汲み受け入れていくはじめの一歩になると思います。

　「あそび」を通じてつながった子どもたちの集団は大きな教育力をもっています。互いに高め合い認め合うことで信頼関係が広がります。1人ひとりの心の中に安心感という基盤ができ、その基盤をベースに1人ひとりの活動は広がっていくことでしょう。1人ひとりの中で広がった探求行動は集団の中で共有され、さらに探求行動が広がっていきます。そのような集団では自分たちを振り返る力も身についていきます。自分たちの行動が友だちの行動と少しずれてしまった時、「どうしたらいいのか」考える機会が生まれてくることでしょう。自分たちで行動を選択する場面ができた時、集団で信頼関係を高めてきたその子たちは、集団を大事にしようとする選択をきっとするでしょう。たとえその選択肢が自分にとって重い選択になってもです。

　障害児教育の分野では昔から「居住地校交流」という形で、支援学校に通う子どもたちが地域の学校を訪れ、授業や行事に参加する取り組みがあり、近年さらに広がりを見せています。わたしも時々子どもを引率して「居住地校交流」に参加することがあります。教員同士の打ち合わせでは、互いの子どもたちの情報交換をしながらどのような形で交流教育を進めるのか知恵を絞り、うまくいくかどうかドキドキしながら当日を迎えるのですが、わたしたちの心配をよそに子どもたちは初対面なりの緊張こそすれ、自然な形で溶け込み合う姿をよく目にしました。子どもたちは人とつながりたい気持ちをしっかりもっているのです。

　そのような子どもたち、障害があってもなくてもつながり合う気持ちをもった子どもたちがつながり合うのに運動あそびはとても効果的です。

　本書は、体育の授業で取り組めるものを中心にしつつも、学童保育や放課後等デイサービスなどでも楽しめるものもなるべく多く取り入れています。

　本書がみなさんの取り組みに役立つことを願っています。

辻内俊哉

「インクルーシブ運動あそび」を進めるにあたって

　「インクルーシブ」の元となる「インクルージョン」は「いろいろな人が個性・特徴を認め合い、一緒に活動すること」という意味です。一緒に活動するといっても、ただ「場」を共有するだけではありません。その場にいる1人ひとりの子どもたちにとって意味のある活動が用意されていることが大切です。そのためには、障害のある子どもたちについてよく理解することが必要となります。

　ここでは、障害のある子どもとともに運動あそびを楽しむために大切にしたいポイントをいくつか紹介します。

1 │ 子どもの「わかる」を保障する

　障害のある子どもたちの活動をわたしたちはどうしても「できるかできないか」といった視点で見てしまいがちです。しかし、知的障害の子どもたちが「できない」理由の1つに「どうしたらいいかわからない」ということがあります。「体の動かし方」「ルールの理解」など、ちょっとしたところで困っている子どもは多いのです。そして障害のある子どもたちは本来のもてる力を発揮することができれば、ものすごいパフォーマンスもできるのです。

　「わかる」を保障していくには、なるべく具体的な物を効果的に使っていくことが大切です。たとえば、「鬼ごっこ」1つとっても、タッチされた人が鬼というルールは健常児の子にとっては当たり前のことでも知的障害の子にはわかりにくくなる時もあります。そんな時、鬼の角をつけた帽子などを用意するだけで一挙に理解が広がります。

　障害のある子もともに楽しむあそびをつくる時には、ぜひ、そのような視点を大事にしてほしいです。

2 │ できることにたっぷり取り組む

　障害のある子どもたちに限らず、子どもたちは大好きな活動には熱中して取り組むことができます。できることにたっぷり取り組むことで子どもたちは自信がついてきます。自信がつくと、「自己肯定感」や「自己有能感」が育ち、「苦手なこと」や「やったことのないあそび」にも挑戦しようとする気持ちが高まっていくことでしょう。子どもたちに定番のあそびができたら、次々に新しいあそびに移行するのではなく、子どもたちが飽きるぐらいまでたっぷり楽しむのもいいと思います。

　たっぷりあそぶ中でも、子どもたちは少しずつあそび方を変えたり、ルールを変えたりして、あそびが広がっていきます。

3 ｜ 発達の最近接領域を意識した活動を

　あそびにしろ教育にしろ、わたしたちはつい「できないことをできるように」と思ってしまいがちです。しかし、できないことをできるように挑戦しても、それが難しすぎるとかえって失敗経験のみが増えてしまうことにもなりかねません。

　子どもたちの「わかる・できる」には完全に自分1人の力でできること（現在の発達水準）と、支援を足がかりに「わかってできる」ようになっていく（未来の発達水準）という2つの発達水準があります。

　この2つの発達水準の間ぐらいの、ちょうどできそうでできないぐらいの課題に教育効果があるといわれています。あそびも同じです。できることにたっぷりと取り組み、自分たちであそびを広げていくとあるところで「あれ、どうやったらいいのだろう」と試行錯誤する場面にぶつかります。そこで、先生たちからヒントをもらったり、友だちの動きを見て何かに気づいたり、自分で何かをつかんだりしながら子どもたちは成長していくのです。

4 ｜ アフォーダンスについて知る

　アフォーダンス（affordance）は、「afford」（与える・提供する）を元にした造語です。かんたんにいえば「物はいろいろな情報を発信していて、それらの情報は体の動きを引き出しやすい要素が多分に含まれている」ということです。

　たとえばラジカセのボタンを見てください。スイッチをどのように操作したらいいか直感的にわかると思います。実際、子どもたちもいともかんたんに操作していることでしょう

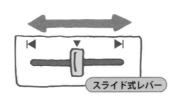

　このように、身の回りのものはさまざまな情報を発信しています。これらをうまく利用すると、子どもたちの体を動かすイメージは格段に高まります。具体的にあそびに引き寄せると、ピンと張ったゴムひもが胸ぐらいの高さだと、「くぐり抜けるもの」としての認識が高まりやすく、逆に膝ぐらいの高さだと「飛び越えるもの」としての認識が高まります。的も高い位置に設置すると上手から投げるイメージを高めやすく、低い位置だと下手投げの動きを引き出しやすくなります。

5 | アダプテッドスポーツの視点をもつ

　パラスポーツとアダプテッドスポーツの違いがわかりますか。パラスポーツは競技種目が決まっています。既存のスポーツを障害者向けに変更し、ルールをそろえることで競い合えるよう工夫されています。

　一方、アダプテッドスポーツは、対象を障害者に絞っていません。老若男女参加している人の実態に合わせルールやあそび方をつくっていきます。そこでは、その集団の中で「みんなができること」「みんなが楽しめること」がどのようなものなのか考えることからはじめます。既存のスポーツやあそびをベースにつくっていくとやりやすいでしょう。

　たとえば「バレーボール」を例に取ると、まず、公式のボールは固いし、小さいし、打球のスピードも速いです。そうすると、それを操作して楽しめる人は限られてしまいます。もしボールをビーチボールに替えてみるとどうでしょう。ボールのスピードはゆっくりになり、かなり扱いやすくなります。おまけにボールにさまざまな回転がかかり「ボールの飛び方が変化する」という新しいおもしろさが加わります。ボールも遠くまで飛ばなくなるので、バレーボールコートほどの広さは必要なくなります。

　そのような「簡易ビーチバレーボール」に車いすを利用している人が参加したいと思った時、どうしたらいいでしょう。ボールを風船に替えてみるのも1つの方法です。特別ルールとして車いすを利用している人にはバドミントンのラケットの使用を可能にする方法もあります。そうすることでサーブやブロックの時に活躍しやすくなるかもしれません。もし車いすを利用している人が座位による姿勢保持が可能なら、思い切って全員が座位になってゲームをする「シッティングふうせんバレー」という方法もあります。ふだん座位姿勢のまま運動を行うことはあまりないので「斬新さ」という楽しみも加わります。

　また、ルールそのものを大幅に変えて工夫する方法もあります。日本ふうせんバレーボール協会が1989年につくった「ふうせんバレー」は全員参加の概念をルールに取り入れ「チームの全員がふれてから相手コートにボールを返す」というようにルールを工夫し、普及に努めています。

　いずれにせよ大切なことは「手ごたえ」と「達成感」を参加者が感じることです。「手ごたえ」と「達成感」があり、「もっとやりたい」という気持ちが高まると、さらに楽しめるよう工夫する機会も増えていくことと思います。

6 | 集団のもつ力を大切に

　「スポーツ」や「運動あそび」による最大の教育効果は何でしょう。それは「人と人がつながれること」だとわたしは感じています。昨今、タブレット端末が身近な存在となり、1人で過ごす時間が増える傾向にあります。また、LINEやSNSなど通信手段も発達し便利になった反面、直接的なコミュニケーションの機会は減っています。人とつながる場そのものに価値があるのです。

　集団のもつ力についてもう少し掘り下げてみましょう。運動あそびやスポーツをしている時、友だちの動き方ほど自分の動きに影響するものはありません。対戦している時は相手の動きに合わせ、自分が動きます。つまり、相手がいろいろな動きをすればするほど、自分の体の使い方は広がっていきます。あそびによっては作戦を立てたり、考えて動いたりすることもよくあります。それに対応するには自分もあれこれ予測して考えていかなければいけません。いわば思考の交流です。

　ダンスなど協働的な運動あそびの場合はどうでしょう。友だちの動きは時として自分の手本となり、

憧れの対象となります。「友だちのかっこいい踊りを自分もやってみたい」。その気持ちはきっとその子の身体パフォーマンスに大きな影響を与えることでしょう。

そんな姿を見た他の子どもたちもよい刺激を受け、集団そのものに前向きな気持ちが育っていきます。そしてそのエネルギーは1人ひとりの子どもたちにフィードバックし、新たな意欲を育てていくのです。

何か問題となるトラブルが発生した場合も、教員や指導者が注意するよりも、友だちのちょっとした励ましのほうが問題解決につながるケースもよくあります。それは集団そのものに大きな教育効果があるからなのです。

しかし、集団によっては、なかなかそういうエネルギッシュな状況にならない場合もあります。そのような時は「運動あそび」と子どもたちをつなぐために、教員や指導者が媒体となる場合もあります。「楽しい！」「もっとやってみたい！」という雰囲気を大人が創り出すのです。特に比較的障害の重い子どもたち中心の集団においては大人もともに汗をかき、一緒に楽しみながら活動するのは大切なことです。

7 ┃ あそびでもねらいを明確に

あそびは子どもたちの主体的な活動です。「どのようにあそぶのか」つくっていくのは子どもたち自身であり、「もっとこうしてみては」という指導者側のアドバイスはあっても、押しつけはありません。では、「子どもたちのあそびは自由にさせておいていいのか」というと、これも少し違います。まず、あそび場の環境を設定しているのは指導者です。自分たちが用意した環境で行われるあそびについて、危なくないよう環境を整えることはもちろんなのですが、あそびを通してどんな力を身につけて欲しいのか、指導者は意識しておくことが望ましいです。

特に障害のある子や、参加に対し配慮や支援の必要な子どもたちについては、みんなと同じ動き方でなくても「この活動にはこういう意味がある」というように、参加する子どもたち1人ひとりの顔を思い浮かべながら活動に対する意義と意味を常に考えておきましょう。

8 ┃ 障害の特性について意識する

まず、多様な子どもたちの集団では、「わかりやすい」ということが一番大事になります。そのため、指導者が最初に説明する時には、次のような点に留意する必要があります。

①具体的に　②簡潔に　③肯定的に　④本人にできることを

そして、運動あそびのルールは、なるべくシンプルになるよう心がけてください。

自閉傾向の子どもたちの中には、感覚過敏な子も多くいます。そういう子たちは大きな音の刺激にも弱いので配慮が必要です。「盛り上げよう」と思い、音量をいたずらに大きくすることは控えましょう。

ダウン症の子どもたちは、筋力の弱さ、頸椎の不安定性などがありますので、運動の際には首に負担のかからないよう配慮が必要です。また、ダウン症の子どもたちは好奇心に満ちあふれ、人と関わりたい、自己表現がしたい、という気持ちを強くもっている子も多いので、自分の行動にストップをかけるのが難しい場合もあります。そんな時は「車は急に止まれない」のと同じように、少し待ってあげて、気持ちが落ち着いてから話をすると伝わりやすくなります。

まずは、子どもたち1人ひとりと向き合ってみましょう。子どもをよく観察することで、子どもの得意なこと、苦手なこと、困っていることが必ず伝わってきます。

01 玉入れかごバスケットボール

（シュートあそび）

玉入れかごバスケットボールは、段階的に発展していくゲームです。まずは、楽しみながらのシュートあそびからスタートし、フルコートのバスケットボールふうゲームに発展させていきましょう。

✿ あそび方

1 玉入れかごから少し離れて、スタンバイする。（1 つの玉入れかごに対し 2 人）

2 「よーい、ドン！」の合図で、ゴール付近からゴロのボール、バウンドするボールなど、いろいろな球種のボールをプレーヤーに投げ入れる。

3 プレーヤーはなるべく早くボールをキャッチし、シュートを決める。

4 交代しながらどんどん繰り返す。

交代！

☆ 用意するもの

- ☐ 玉入れかご（7～8人ぐらいで1台あるとちょうどいい）
- ☐ バスケットボール（玉入れかごの数×2個）

室内・外あそび

プールあそび

ちょこっとあそび

● 玉入れかごの高さは、子どもが手を伸ばして、届くか届かないかぐらいの高さがいいでしょう。このくらいの高さがシュートへの意欲を高めます。
● 競争のペアになる相手は、技能差が極度に違わないよう配慮しましょう。

玉入れかごバスケットボール
（防御を入れてのシュートあそび）

玉入れかごバスケットボールでシュートを楽しんだら、防御を入れてのシュートあそびに移行します。どちらかのプレーヤーがシュートしたら、残りの1個のボールをめぐって、相手との駆け引きやパスの選択などが生まれ、ゲーム性が高まります。

✿ あそび方

1 玉入れかごから少し離れ、スタンバイする。（シュートあそびと同じ）

2 「よーい、ドン！」の合図でボールを持ったまま2人同時に走ってシュートをしに行く。

3 一方のプレーヤーがシュートを決めてもゲームは続ける。

入った！

4 「2対1」の展開になるので、パスなども取り入れながらゲームを進めよう。

★ 用意するもの

- ☐ 玉入れかご (7〜8人ぐらいで1台あるとちょうどいい)
- ☐ バスケットボール (玉入れかごの数×2個)

教員も
参加してね！

ねらい

- ・ボールや相手の動きを予測し、状況に応じた動き方を知る。
- ・友だちと競い合い、シュートあそびを楽しむ。

● ドリブルはしないほうがいいでしょう。そのほうが周囲を見渡し、攻撃を組み立てやすくなります。

● 防御役は最初のうちは教員が行い、教員とのゲームを楽しみましょう。教員はマークの加減に緩急をつけ、プレーヤーのシュートチャンスをつくりましょう。

03 玉入れかごバスケットボール
（2 対 2 のゲーム）

これまでのゲームでは「2 対 1」で攻撃側が有利でした。ここでは、防御の人数を 1 人増やして「2 対 2」のゲームにします。「相手にボールを取られたらスタート地点からやり直す」というルールにして、時間を決め（2 分程度）同じメンバーで攻撃を続けましょう。

✪ あそび方

① 玉入れかごから少し離れ、2 人組になりスタンバイする。ボールは 1 つにする。

② 「よーい、ドン！」の合図で、ゲーム開始。

③ 空いているスペースを見つけて攻め込む。上手くいかない時は、味方にパスをしてチャンスをつくる。

④ 防御役がボールを取ったら、ゲームはストップ。スタート地点からリスタートする。

⭐ 用意するもの

☐ 玉入れかご（7〜8人ぐらいで1台あるとちょうどいい）

☐ バスケットボール（玉入れかごの数分）

☐ 三角コーン

ねらい

・空いている空間（スペース）を意識し、攻め方を工夫する。（攻めの課題）

・ボールを保持している相手を意識し、シュートを防ぐ。（防御の課題）

・友だちと競い合い、ゲームを楽しむ。

● 防御が2人になるとゲームの難易度は一気にあがります。玉入れかご付近の安全対策（三角コーンをポール付近に置いておくなど）をしましょう。

●「3on3」のように攻守交代する方法もありますが、一定時間続けた方がわかりやすいです。

玉入れかごバスケットボール
（3 ゴールでのゲーム）

ゴールが 2 箇所だと競い合いが過激になったり、技能の差がはっきりしてしまい、「勝ち負けにこだわりのある子」はストレスがたまってしまうこともあります。そんな時、ゴールを 3 箇所にするとよりレクリエーションらしくなり、競争の要素が薄まります。

☆ あそび方

1 中央に 15 個のボールを固めて床に置いておく。

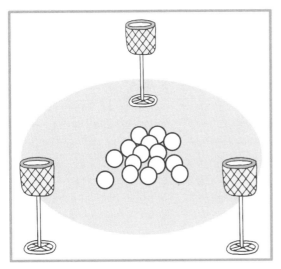

2 各チーム（3 人程度）は自陣のゴール近くでスタンバイする。

3 「よーい、ドン！」の合図でボールを取り（1 人 1 つ）、自分のゴールにシュートする。

4 ボールが全部ゴールに入ったら終了。

☆ 用意するもの

- □ 玉入れかご3台
- □ ボール（15個：3号球のドッジボールぐらいがよい）

POINT

● 玉入れカゴにボールを4～5個入れると次のボールは入りにくくなり、大量に差がつくことはなくなります。

● 残り1～2個の状態になるとボールの取り合いなどさまざまなゲームの様相が現れて楽しくなります。

17

シュートボール
（シュートリレーゲーム）

台の上に三角コーンや段ボール箱を置いて的にする「的当てあそび」はよくありますが、系統的に楽しさを深めていくことで、攻防入り乱れる球技で必要な力も自然に獲得することができます。まずはシュート競争でボール操作に慣れるところからはじめます。

✿ あそび方

① 4チームに分かれ、スタートラインに縦1列に並ぶ。

② 先頭の人はボールを持ち、スタンバイする。

③ 「よーい、ドン！」の合図で、各チームスタート。的に当てたらボールを拾って次の人に手渡す。（的は係をつくって、元に戻しておく）

*次走者も同じように繰り返す。全員シュートを決めたら終了。

☆ 用意するもの

- ☐ ポートボール台 4 台
- ☐ 的 (三角コーン) 4 個
- ☐ ボール 4 個
  - (2 号球のドッジボールぐらいがよい)

あわてないでね

ねらい

- ・ボールやゴールへの意識を高める。
- ・シュートを外しても、最後まで続けられるようになる。
- ・友だちと競い合いながら、ゲームを楽しむ。

POINT

- ● 自分でボールを拾い、次走者に渡すというところがポイントです。シュートそのものを課題にすると、外れた時あきらめてしまう子どももいるので、「当ててから渡す」という課題を設定することで心をつなぎ止めることができます。
- ● シュートラインは設けなくてもいいでしょう。自分の当てやすい距離を知る機会になります。早く当てたい子は自然に自分に合った距離で投げられるようになります。

シュートボール

（早い者勝ちシュート競争）

シュートに慣れてきたら、1つの的に2人で競い合いながら当てていきます。同時にシュートしたはずが的が先に飛ばされていたり、出遅れたのに相手がシュートを外したのでチャンスが巡ってきたり、偶然性が増えて楽しめます。

✿ あそび方

① 4チームに分かれ、スタートラインに縦1列に並ぶ。

② 先頭の人はボールを持ち、スタンバイする。

③ 「よーい、ドン！」の合図で、一斉にスタート。的に当てたほうが勝ちになる。

④ 的を立ててボールを戻したら、次のプレーヤーに交代して続ける。

✪ 用意するもの

- ☐ ポートボール台2台
- ☐ 的（三角コーン大）2個
- ☐ ボール4個（2号球のドッジボールぐらいがよい）
- ☐ 安全バー（3mの長さ）8本
- ☐ 三角コーン小8個

たのしいよ

POINT

● このゲームでは「いかに先にシュートするか」が大切なポイントとなり、走り込みながらのシュートの練習につながります。

● ある程度の難易度をもたせるため、安全バーでシュート禁止エリアをつくっておきます。（安全バーが用意できなければ地面にラインを引いても可）

21

シュートボール
（ハーフコートでのゲーム）

シュート競争をたっぷり楽しめたら、ゲーム形式のシュートボールに挑戦しましょう。防御の人はボールを奪ったら、ボールかごなど、防御専用のゴールに入れると楽しいゲームになります。

✪ あそび方

① 攻撃する人２人と防御する人２人に分かれる。

② 攻撃チームは１つボールを持ち、スタンバイする。

防御

攻撃

③ 防御する人は、ゴール前で守りを固める。

④ 合図でスタートする。的が倒れたら攻撃側に１ポイント。逆にボールを取られ、防御用ゴール（ゴールかごなど）に入れると防御側に１ポイントになる。

❂ 用意するもの

- ☐ ポートボール台
- ☐ 的 (三角コーン大)
- ☐ ボール2個 (2号球のドッジボールぐらいがよい)
- ☐ 安全バー (3mの長さ) 4本
- ☐ 三角コーン小4個
- ☐ 防御用のゴール (ボールかごなど)

ガンバレ

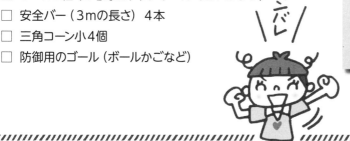

ねらい

- ・空いている空間 (スペース) を意識して攻撃する。(攻撃の課題)
- ・相手の動きに合わせ、シュートのじゃまをする。(防御の課題)
- ・ボールを奪い、自分たちの得点にする。
- ・友だちと協力し合いゲームを楽しむ。

⑤ 2分ぐらいでどんどん次のチームに代わっていく。

POINT

● 防御側にも役割を与えることで「相手からボールを奪う」意識が高まります。そして、防御用ゴールにボールを入れるというルールはわかりやすく、攻防入り乱れる動きが現れやすくなります。

カンカンサッカー
（ドリブルシュートゲーム）

このゲームのおもしろいところは、俵型のカンカンボールが思った方向と違う場所に飛んでいくので、偶然性が高まることです。また、ボールが転がる時の軌跡も視覚的に目を引きやすく、比較的障害の重い子どももボールへの意識が高まりやすいです。

☆ あそび方

① 4〜5人でチームになり、スタートラインに1列に並ぶ。先頭の人はカンカンボールを1個ずつ足下に置く。

② 「よーい、ドン！」の合図で、ドリブルをしながらゴール前まで進みシュートする。外れたら足でボールを操作しながらシュートできるところまで戻り、シュートを決める。

③ シュートを決めた人は次の人にタッチし、次の人がドリブルシュートをはじめる。

④ 全員がシュートを決めたチームが勝ちになる。

✪ 用意するもの

☐ カンカンボール　人数分
☐ ミニサッカーゴール

●カンカンボールのつくり方
・ 丸いペットボトル (2L) の上部を切り、しわくちゃにした新聞紙を中につめる。
・ 広げた牛乳パックで外側を包みこみ、ガムテープでぐるぐる巻きにする。

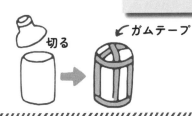

切る　　←ガムテープ

とっても楽しいよ

みんなで
やってみよう！

● POINT ● ただのシュートではなく、リレー形式にしているところが重要ポイントです。子どもの中にはシュートが外れると諦めて動きを止めてしまう子もいます。「次の子にタッチする」という課題が、シュートを外してもすぐに次の動作をはじめるところにつながっていきます。

室内・外あそび

プールあそび

ちょこっとあそび

カンカンサッカー
（壁を抜けてドリブルシュートゲーム）

動かない障害物やつい立ての障害物を持ったディフェンスが加わったコースを用意し、ドリブルシュートゲームと同じように競争します。

✪ あそび方

1 動かない障害物の後ろに、つい立ての障害物を持ったディフェンスがスタンバイする。

2 「よーい、ドン！」の合図で、障害物をよけ、ドリブルをしながら進みシュートする。外れたら足でボールを操作しながらシュートできるところまで戻り、シュートを決める。

3 固定のディフェンスとゴール前の動くディフェンスをかわし、シュートを決め、次の人にタッチする。

4 全員シュートを決めたチームが勝ちになる。

★ 用意するもの

- ☐ カンカンボール　人数分
- ☐ ミニサッカーゴール
- ☐ セラピーマット 2 枚（防御用）
- ☐ 三角コーン 4 個（障害物は段ボールなどでもかまいません）
- ☐ 段ボールのつい立て（ディフェンス用）

ねらい

- ・ボールをコントロールしながら、ドリブルシュートを楽しむ。
- ・ボールだけでなく、ゴールや障害物をよく見て進む。

POINT

● ディフェンス役は最初は教員が行うとよいでしょう。防御の加減をしたり、意図的にスペースをつくり、攻撃側に気づかせたりするとゲームの理解が進みます。

カンカンサッカー
（チーム戦ドリブルシュートゲーム）

今まではリレー形式でのドリブルシュート競争でしたが、今回はチーム対チームで一斉のゲームになります。攻防入り乱れてボールゲームらしくなっていきます。

❂ あそび方

1 各チームスタートラインにボールを10個ずつ並べる。（1チーム4人程度が好ましい）

2 「よーい、ドン！」の合図で1人1つボールをドリブルしていく。

3 動くディフェンスをかわし、シュートを決める。

4 シュートを決めたら残りのボールを取りに行き、ゲームを続ける。
（1人2回はシュートチャンスがある）

★ 用意するもの

- ☐ カンカンボール　20個
- ☐ ミニサッカーゴール　2台
- ☐ 段ボールのつい立て　2個（ディフェンス用）

ディフェンス役を
指導者から少しずつ
子どもたちにまかせて
いくといいよ

⑤ ボール10個を全部シュートし、早くスタートラインに戻ってきたチームが勝ち。

● 自然にパスを出す作戦が出てきたり、友だちの蹴りそこねたボールを味方がフォローする動きが出てくるかもしれません。攻防入り乱れる球技の特性につながる動きですので、子どもから出てきたいろいろな動きを認める形でゲームを進めましょう。

ハンドサッカー

肢体不自由のある子どもたちとも一緒に楽しめるゲームです。全員が四つばい姿勢になって手を使ってサッカーをします。ふだん車いすを使っている子どもたちはけっこう腕力があり、いい動きができます。

✪ あそび方

① 4人程度でチームをつくり、攻撃側と防御側に分かれる。

② 時間を決めて（2分ぐらい）、ゲームを進める。

はい
スタート！

③ 相手にボールを取られたら、スタートラインからリスタートする。

はい
再開！

④ タイムアップしたら、攻守交代して続ける。

交代！

⑤ 2〜3回のターンが終了したら、合計得点で勝敗を決める。

✪ 用意するもの

- ☐ ミニサッカーゴール
- ☐ ソフトバレーボール

ねらい

・空いているスペースを生かして攻撃を組み立てながら、味方と協力してゲームを楽しむ。

● 人の動きより、ボールの動きの方が断然速いので、いかに空いている所に移動してボールを受けるかが、ゲームのポイントになります。

● 移動の困難な人も参加できます。その際は、その人がボールに触れた時にどんな特別ルールを設定するか、あらかじめ考えておきましょう。

特別ルールの設定について

ハンディのある子どもたちと対等にゲームを楽しむ時に、よく特別ルールを活用する機会があると思います。その際に2つ、気をつけておくことがあります。

1つはハンディをつけすぎることで特別ルール対象の子の意欲をそいでしまわないこと。もう1つは、特別ルールをつくることにより、ルール自体が難しくなってしまい、子どもたちの動きが逆に悪くなってしまわないようにすることです。

たとえば、ハンドサッカーの場合だと次のようなルール設定が可能です。

① 特別ルール対象の人がボールに触れた場合、全員がその場で止まる。
② そのプレーヤーは「パス」か「シュート」を選択できる。
③ 「シュート」を選んだ場合は、全員がゴール前から離れ、本人がフリーキックする。
④ 「パス」を選んだ場合、味方が触れるまで敵プレーヤーはボールに触れてはいけない。

③までのルールは比較的わかりやすいのですが、④になるとどう動いたらいいのかわからない子が増えてきます。集団の実態に応じ、わかりやすいルールづくりを工夫しましょう。

31

壁際ボッチャ

ボッチャはユニバーサルスポーツとしての認知度も高まり、学校現場でも取り組まれていますが、力加減を習得することは意外と難しいものです。ここでは、子どもの実態に合わせ（アダプテッドして）、ボッチャにつながっていく、新しいゲームとして紹介します。

✪ あそび方

① 2チームに分かれ、それぞれのチームカラーの色のボール（赤・青）を持って準備する。

② 白色のジャックボールを壁に向けて投げる。（外したら、同じチームの次の人が投げる）

③ 最初に投げたチームが、もう一度、自分のチームカラーのボールを投げる。

④ 相手チームも自分のチームカラーのボールを投げる。

✪ 用意するもの

☐ ボッチャセット

☐ 重みのある段ボールなど
　（壁として利用できるものは何でも可）

ねらい

・段ボールの壁を利用しながら、ねらい
　をつけてボッチャゲームを楽しむ。
・友だちと作戦を工夫する。

5 各チーム6球投げ終わった時、白玉から近いほうのチームが勝ちで、一番近い相手ボールの内側に
あるボールすべてが得点になる。

青　　　赤　　　青　　　赤　　　青　　　赤

POINT

● 思い切り投げることも、力の加減を覚える上で重要な練習です。段ボールなどの
　壁に当てにいく感じでどんどん投げましょう。

● 段ボールなどの大きい的（視覚支援）があると、子どもたちは格段に投げやすく
　なります。

ターゲットボッチャ

壁際ボッチャでは、力加減が難しくても、壁をうまく利用してゲームを楽しみましたが、今度は力加減を意識できるように、ターゲットボッチャに挑戦しましょう。エリア内に入ったボールはすべて味方の得点になります。

❂ あそび方

① 2チームに分かれ、それぞれのチームカラーの色のボール（赤・青）を持って準備する。
（今回は、白色のジャックボールは使わない）

② 各チーム交互にそれぞれのチームカラーのボールを、なるべく高得点の中心部分に向かって投げる。

③ それぞれのチームのポイントを合計する。

☆ 用意するもの

- ☐ ボッチャセット
- ☐ 的（床に直接ラインテープを貼るか、
  模造紙に書き込んだものを敷いてもよい）

ねらい

- ・力加減を工夫しながらねらいをつけて
  ボッチャゲームを楽しむ。
- ・友だちと協力し、高得点をめざす。

POINT
● 相手チームの球を弾き飛ばすなどの作戦もありますが、導入はなるべくそっと投げ、互いに大量得点をとって楽しむようにしましょう。

卓球的当て

動きにハンディのある子どもたちも、軽いものをかんたんな操作で動かす活動は参加しやすいものです。薄い木材をラケット代わりにしてピンポン玉を打つ活動は、わずかな力で勢いのあるボールを打つことができます。

★ あそび方

1 台の片側に的（缶ジュースの缶）をランダムに並べる。

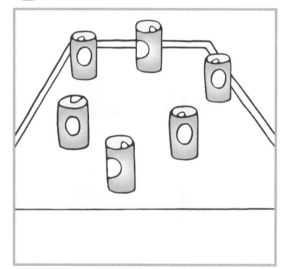

2 反対側にいすを置き、座った姿勢で的をねらう。

3 1人3球目安で、的にねらう。

4 たくさん的に当てた人が勝ちになる。

✪ 用意するもの

- ☐ 卓球台 (長いテーブルでも可)
- ☐ ピンポン玉
- ☐ ジュースの空き缶
- ☐ 平たい板 (ラケットの代わり)
- ☐ いす

やってみよう

ねらい

・自分たちでルールをつくりながら
　ゲームを楽しむ。

5 連続当てをするとポイント加算などルールを工夫してみよう。

POINT
- ● 立った姿勢でもできますが、座った姿勢の方が的にねらいやすいです。
- ● 慣れてくると、当てる時の角度を工夫し、2点ねらいなどもできます。

卓球バレー
（公式版）

全員が着座した状態で行います。両手でラケットを持つと緩やかなラリーを楽しめますが、片手でラケットを持ち、手首のスナップを効かせると強力なショットを打つことができ、一挙に競技性が高まります。

✪ あそび方

1 卓球台のネットをはさんで6人対6人で着座する。

2 バレーボールのルールを基本にし、ネットの下をくぐらせて、相手コートに打ち込む。

3 3回以内に相手コートに返球する。

〜MEMO〜
視覚支援の必要な人のために、ピンポン玉の中に鈴が入っているもの（プラサウンドボール）もあります。

★ 用意するもの

- □ 卓球台 (長いテーブルでも可)
- □ ラケット　人数分 (30cm×6cm の平たい板)
- □ いす　人数分
- □ ボール (視覚にハンディがある人がいれば鈴入りのものを)

1970年代、大阪の筋ジストロフィー児 が学ぶ養護学校で始められた、日本発 祥の団体スポーツです

POINT

● 卓球台の左右でプレーしている人をうまく使う作戦を立てると、ゲームメイクが 楽しくなります。

● 4対4、3対3でも楽しむことができます。

ふうせんバレーボール
（公式版）

「日本ふうせんバレーボール協会」がふうせんバレーボールの普及に努め、今では全国大会も開催されるほどの人気スポーツです。

✪ あそび方

① 試合は1セットマッチで、チェンジコートはしない。（1チーム6人ずつ）

② 試合時間は、原則として15分間。

③ 得点はラリーポイント制で、サーブ権の有無に関係なく加算され、15点先取で勝ちとする。ただし、時間との併用ルールなので、試合時間終了時点でも勝敗を決める。

✪ 用意するもの

- ☐ バドミントンコート
- ☐ バドミントンネットと支柱
- ☐ 風船 (ボールは直径 40 cmにふくらませ、
  風船に鈴2個を入れたものを使用)

RIN   RIN

ねらい

・障害の状況に合わせ、どのように協力
したらいいか考えながらゲームを楽し
む。

● 一番の特徴は、障害のある人と障害のない人とがチームを組み、チーム全員がボー
ルに触れ、10 回以内で相手コートにボールを返すことです。

シッティング ふうせんバレーボール

パラリンピックでおなじみのシッティングバレーですが、そのままでは非常に難しいスポーツです。
そこで、ボールを動きのゆっくりな風船に替えるとみんなで楽しめるゲームになります。

★ あそび方

1 両端に学習いすを置き、バドミントン用の
ネットを張る。

2 ネットをはさんで各チームに分かれて座る。
（3〜5人程度）

3 サーブして相手のコートにボールを入れる。

そ〜れ！

4 自陣のコート内にボールが落ちると、相手側
に1点入る。

1点！

✪ 用意するもの

☐ バドミントン用のネット

☐ 学習いす2脚（支柱替わり）

☐ 風船（直径50cm程度）

（最近は100円ショップなどでもよく取り扱われています）

⑤ 「1セット10点取ったら勝ち」ぐらいのルールで何回も取り組もう。

室内・外あそび

プールあそび

ちょこっとあそび

● 座位での移動が難しい子どももいるので、四つばいでの参加もありでいいでしょう。

● 勝敗にこだわらずラリーを楽しんだり、全員が1回ずつ触ったりするなどのルールにすると、楽しみ方も変わってきます。

**18**

バケツ野球

野球型のゲームはルールが難しいところもあります。特に「アウト・セーフ」の判定。そんな時、ポリバケツやそのふたを利用するとルールがとてもわかりやすくなります。室内で少人数でも楽しめます。

✪ あそび方

1 1チーム3〜6人ぐらい。攻撃チームと守備チームに分かれる。

2 1塁ベースのあたりにポリバケツを置く。

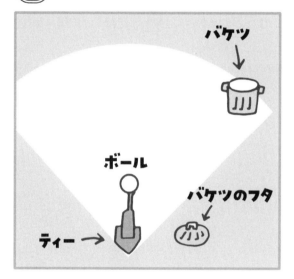

3 攻撃側は1人ずつ順番にティーのところから打つ。打ったらバケツのふたを持ってバケツのほうに走る。

4 守備側は打者がボールを打ったら取りに行き、ボールをバケツに入れるように動く。

★ 用意するもの

- ☐ ふたつきポリバケツ(直径 50 〜 60cm、高さ 60cm ぐらい)
- ☐ ボール (100 円ショップで売っている直径 20cm ぐらいの
     ゴムボール)
- ☐ ティー (市販のものがなければ、
     三角コーンとガムテープの芯で代用可)
- ☐ プラスチック製バット

> **ねらい**
>
> ・バットで思い切りボールを打つことを
>   楽しむ。
> ・ルールのあるあそびでゲームを楽し
>   む。

⑤ バケツの中にボールが先に入れば「アウト」。
逆にふたが先に閉まり、ボールが入らなければ「セーフ」になる。(1点)

⑥ 3アウト制ではなく、全員打順が終了するまで続け、合計得点で競う。

室内・外あそび

プールあそび

ちょこっとあそび

こっち
こっち!!

POINT

- ● バケツのふたをバット代わりにしてもかまいません。
  (ただ、その時は投げてもらったボールを打つことになり、難易度は少々あがります)
- ● ゲームに慣れてきたら自然にキャッチしたあと、1塁に送球する動きも現れます。
- ● 走力などに差がある場合は、バケツのふたの位置を工夫することで、適度なハンディをつけることができます。

ならびっこバケツ野球

「整列」という活動は子どもたちにとって日常的にする機会があるわかりやすい活動の1つです。バケツ野球の仕組みを生かし、ふたの位置でハンディをつけたりすることもできます。守備の仕方を変えるだけでひと味違うゲームになります。

❂ あそび方

① 攻撃チームと守備チームに分かれる。
＊人数が多いと並ぶのに時間がかかってしまうので、守備は3人ぐらいがいい。

② 1塁ベースのところにポリバケツを置く。

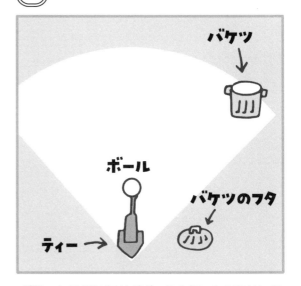

③ 攻撃側は1人ずつ順番にティーのところから打つ。打ったらバケツのふたを持ってバケツのほうに走る。

④ 守備側は打者がボールを打ったら取りに行き、整列する。

❀ 用意するもの

- ☐ ふたつきポリバケツ (直径 50 〜 60cm、高さ 60cm ぐらい)
- ☐ ボール
  (100 円ショップで売っている直径 20cm ぐらいのゴムボール)
- ☐ ティー
  (市販のものがなければ、三角コーンとガムテープの芯で代用可)
- ☐ プラスチック製バット

5 バケツのふたが閉まるまでに守備の3人が
整列できたら守備側の勝ち。整列前にふた
を閉めれば攻撃側の勝ちになる。(1点)

6 打者が一巡するまで続け、一巡したら攻守
を交代する。

交代したよ

うまく
整列できたね♫

POINT ● 守備の時、ボールを保持した人のところに集まって並ぶのが基本になりますが、
動きのゆっくりな友だちのところに集合して並んだり、守り方を工夫することも
できます。

室内・外あそび

プールあそび

ちょこっとあそび

キャスターボード競争①
（ウルトラマン）

キャスターボードは軽い力ですっと動くし、平らな部分は「乗る場所」として意識がはたらきやすく、活動のわかりやすい教具です。

また、体のどこに力を入れるとスムーズに動けるのか、感覚づくりとしても価値ある教具です。

☆ あそび方

① キャスターボード上でうつぶせ姿勢になる。進む時は両腕をしっかり前に出し（ウルトラマンのポーズ）、両手同時になるべく大きくかき込むようにすると勢いよく進む。

② 「よーい、ドン！」の合図で、三角コーンをぐるっと回り帰ってくる。

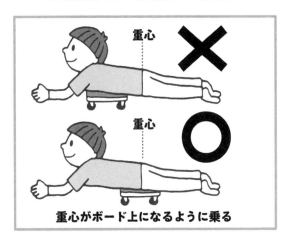

重心

重心

重心がボード上になるように乗る

③ 戻ってきたら、次の人と交代する。

④ 最後の人（アンカー）がゴールした時点で勝敗が決まる。

☆ 用意するもの

- □ キャスターボード（30cm 〜 40cm 程度の大きさ）
  *キャスターボードはホームセンターなどで荷台として市販されています。
- □ 三角コーン

<table>
<tr><td></td></tr>
</table>

ねらい

- ・キャスターボードを使って、友だちとの競争を楽しむ。
- ・どのように力を入れると前に進みやすいか考える。

POINT
- ● キャスターボードのキャスターは4つとも自在に動くものにしましょう。
- ● 乗った時のポジショニングが大事です。おへその下や骨盤のあたりが一番安定します。

49

キャスターボード競争②
（やどかり）

キャスターボードはさまざまな姿勢で楽しむことができます。座った姿勢で足でこいだり、逆に足を浮かせ、手で体を支え、後ろに押すようにして進んだりするとヤドカリに似た動きになります。さりげなく腹筋を使ったり、足をあげた姿勢でバランスを取ったり、運動量も豊富なあそびになります。

✪ あそび方

①　キャスターボードの台上に座り、「よーい、ドン!」の合図で前に進む。

②　足でこいでもいいし、両足をあげ、手で押してもいい。

両足をあげて

上体をたおす

③　戻ってきたら、次の人と交代する。

④　最後の人（アンカー）がゴールした時点で勝敗が決まる。

交代!

★ 用意するもの

- □ キャスターボード（30～40cm 程度の大きさ）
- □ 三角コーン

やどかり みたい！

ねらい

・キャスターボードを使って、友だちとの競争を楽しむ。
・どのように力を入れると前に進みやすいか考える。

POINT

● 足でかき込むように進む時は、片足ずつより、両足同時に勢いをつけて進むほうが速いです。

● 後ろ向きになって進んでも、おもしろい動きになります。

室内・外あそび

プールあそび

ちょこっとあそび

51

キャスターボード競争③
（手押し車）

キャスターボードを使えばあそびは広がります。2人組になり、片方がボードに背中をつけた状態になり、もう片方が足を持って押していきます。乗っているほうは前が見えずハラハラドキドキ。押しているほうはコーンを回る時工夫が必要です。安全に気をつけて進みましょう。

✿ あそび方

① 2人組になり、片方はキャスター台に背中をつけ、もう片方は乗っている人の足を持つ。

② 「よーい、ドン！」の合図で、三角コーンをぐるっと回って帰ってくる。

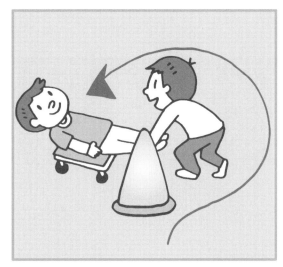

③ 戻ってきたら、次の2人組と交代する。

④ 最後の人（アンカー）がゴールした時点で勝敗が決まる。

交代！

❖ 用意するもの

☐ キャスターボード（30～40cm 程度の大きさ）

☐ 三角コーン

ねらい

・友だちと互いに動きがつくりやすくなるよう協力しながらゲームを楽しむ。

POINT

- 背中ではなく腰かけてもできますが、後ろに転倒してしまわないよう、十分に注意しましょう。
- 三角コーンでターンする時は、ターンの前にあらかじめ少し角度をつけ、押す人が回り込むようにしながら進みます。

ペットボトルモルック

モルックはフィンランド発祥の軽スポーツで、近年、その手軽さから人気が出てきました。日本でも競技者が増えつつあり、ペットボトルなど代用品を使うことで、日常的にかんたんに取り組むことができます。

★ あそび方

① 番号のついたペットボトルを基本、次のように密着させて並べる。

② 約3m離れたところにラインをつけ、下手投げでもう1本の投球用ペットボトルを転がす。

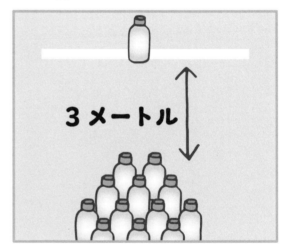

3 メートル

③ ペットボトルの倒れ方で得点が変わる。

④ 倒れたピンはその場に立て直す。(ピンがだんだん広範囲に広がる)

ころがった場所にボトルを立てる

✪ 用意するもの

□ 水を入れた 500ml のペットボトル 13 本
　　（形が円形のもの。各ペットボトルのふたに1〜12 の番号
　　をつけます。残り1本は投球用にして番号をつけません）

⑤ 各チーム交互に投げ、合計が 50 点になった
チームが勝ち。

⑥ 50 点を越えてしまった場合、25 点にして続
きを行う。

25 点から！

● 1本だけ倒れた時

倒れたピンの数字が
得点になります

5点

● 2本以上倒れた時

倒れた本数が
得点になります

2点

POINT
● ペットボトルの水の量は 1/4 〜 1/2 程度がいいでしょう。
　（満タンに入れると重いし、衝撃も大きくなります）
● 投球順や得点などのルールはみんなで決めるとよいでしょう。

室内・外あそび

プールあそび

ちょこっとあそび

バトンスロー

何度も繰り返しあそんでいるうちに、自然に上手な投げ方が習得できます。かんたんで、みんなで楽しめるゲームです。

✪ あそび方

① リレーのバトンに、荷づくりひもを通し、バドミントンの支柱でピンと張る。
＊支柱などがない場合は室内で固定できる場所を見つけよう。窓枠やドアではさんでもよい。

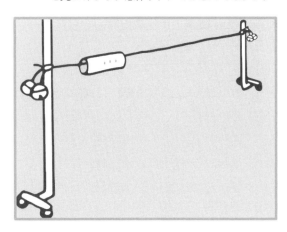

② ひもの両端に鈴やタンバリンなどの鳴り物を固定する。

鈴など

③ ひもにそって、バトンをすべらせるように投げる。慣れてきたら力いっぱい投げてみよう。

④ 両側から投げ合うようにする。「音の大きいほうが勝ち」というあそびにも発展できる。

こっち！

★ 用意するもの

- □ バドミントンの支柱2本
- □ リレーで使うバトン
- □ ナイロン製荷づくりひも
- □ 鈴、タンバリンなどの鳴り物

 POINT ● ひもの高さは顔の横ぐらいの高さが最適です。

赤ずきんちゃんゲーム

赤ずきんちゃんがオオカミから逃げながら、おばあちゃんに食べ物を届けに行くゲームです。「赤ずきん」のお話を思い出して、お芝居感覚で楽しみましょう。

★ あそび方

1 赤ずきん役（4人くらい）はマットの上（安全地帯）でスタンバイする。（マットの上に食べ物に見立てたものをたくさん置いておく）

2 オオカミ役（2人くらい）が、マットのそばに来て、「赤ずきんちゃん、どこいくの」とたずねる。

3 赤ずきんちゃんは「ちょっとおばあちゃんのところまで」と答え、その言葉がスタートの合図になり、マットの外に出る。

4 マットから出た赤ずきんは、オオカミに捕まらないように逃げながら、おばあちゃんに食べ物を届けに行く。

☆ 用意するもの

- ☐ いす（おばあちゃん役が座るもの。2〜4脚）
- ☐ マット（スタート地点）
- ☐ 食べ物（新聞紙や色画用紙などでつくる。
    ボールなどの用具で見立ててもよい）

ねらい

・チャンスのタイミングや空いていると ころを見つけながらゲームを楽しむ。

指導上の留意事項

動きがゆっくりの子には、近い場所におばあちゃん役を配置し、 他の赤ずきんを追いかけている間に届けられるようにします。

---

⑤ オオカミ役は赤ずきんを追いかけ、「ガブッ」といいながら、両手タッチで赤ずきんを捕まえる。
*オオカミに捕まらず、無事届けられたら、マットに戻り、新しい食べ物を持って、オオカミに捕まるまで何回も挑戦できる。
捕まってしまったら、コートの外に出る。

POINT

● 「赤ずきん4人でオオカミは2人」など、赤ずきん側を少し有利にしておくと、おもしろく遊べます。
● 新聞紙と黄色の画用紙でつくった「バナナ」が運ぶものとしておすすめです。

ペアリレー
（2人チームでの競走）

リレーのバトンワークに特化したゲームです。リレー練習の導入としても最適です。

★ あそび方

① 運動場にスタートラインとゴールライン（幅：約40〜50m）、中間に第2走者のラインを引く。

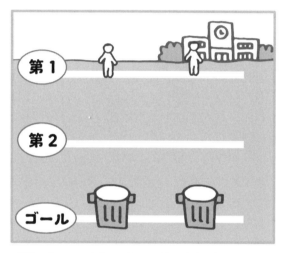

② 第1走者はスタートラインへ、第2走者は中間ラインでスタンバイする。

③ 「スタート」の合図で第1走者が走り出し、第2走者にバトンを渡す。

④ ゴールラインに置いてあるバケツにバトンを入れる。
一番早くバトンを入れたチームが勝ち。

★ 用意するもの

☐ リレーのバトン（チーム数分）
☐ ゴール用の大バケツ（なくてもよい）

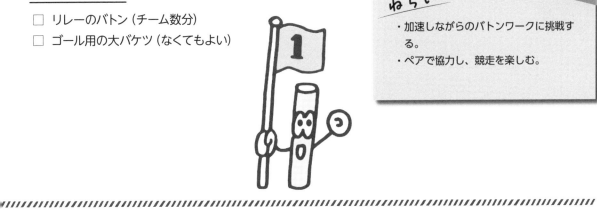

ねらい

・加速しながらのバトンワークに挑戦する。
・ペアで協力し、競走を楽しむ。

● 2人で協力してバトンをつなぐ部分が大事な要素です。中間ラインの少し前に目印（ゴーマーク）をつけておくことで、リードをしながら加速して、タイミングよくバトンを渡すことができます。
● ゴールはラインだけでもいいのですが、バケツを目印にすることで、よりゴールを意識しやすくなり、バケツにバトンを入れる際の「カコ〜ン」という音も順位をつけやすかったりするので効果的です。

室内・外あそび

プールあそび

ちょこっとあそび

動物に変身しよう！
(動物ジェスチャー)

マットでコースをつくり、置いてある「動物カード」の動物の動作をマネして進みます。身近にいるネコ、イヌなどを入れてもいいですね。

⭐ **あそび方**

① マットを並べて、それぞれのマットに動物カードをセットする。

② カードに書いてある動物のパフォーマンスをしたら、次のマットに移る。

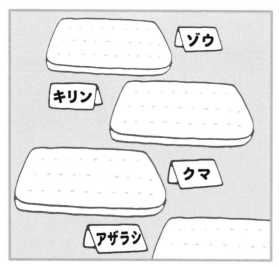

③ 最後のパフォーマンスが終わったら、好きなポーズでフィニッシュ。

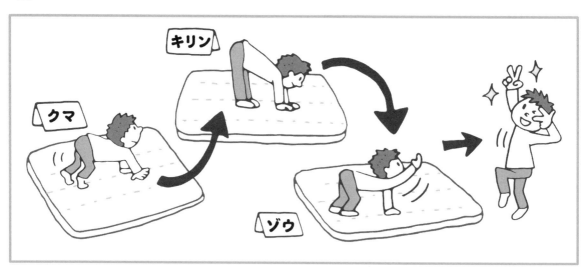

✪ 用意するもの

- □ マット
- □ 動物カード（クマ、キリン、ゾウ、アザラシ、ヘビ etc)

指導上の留意事項

クマなど四つばいでの動きをする際、手足を同時に動かすことが難しい子どももいます。そんな時は、「足を前に送り出す」ことを意識すると自然に手も動くようになります。

<動物の動き方解説>

クマ

腰はなるべく高く
手はしっかりパーの形に

キリン

ひじ・ひざを
のばしたまま

ゾウ

片手で体を支えながら
前に進む

POINT

- ● クマ、キリン、ゾウなどはなるべく腰を高くして模倣するようにしましょう。腰より頭が低くなる姿勢はふだんあまり取ることがありません。「逆さ感覚」の経験ができるいい運動です。
- ● アザラシなどは腕で体を支える動きとしていい運動の経験になります。ヘビのように全身をクネクネさせるのもおもしろい動きを引き出せるでしょう。
- ● 慣れてきたら子どもたちからなってみたい動物を聞いて、おもしろい動きをしてもらうのも楽しいですね。

63

ウサギの川跳び

ウサギになりきって、マットの川を跳び越えていくあそびです。ウサギのパフォーマンスを大きくしていくと、マットの側方倒立回転（側転）に近づいていきます。

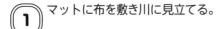

✪ あそび方

① マットに布を敷き川に見立てる。

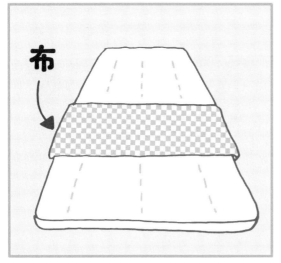

② マットに手形、足形を図のようにセットする。

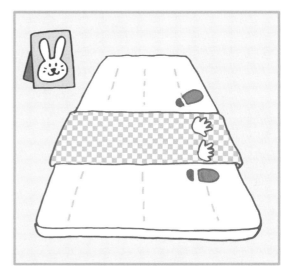

③ 「川に触れていいのは手だけ」というルールを決め、川を跳び越すパフォーマンスをする。

④ 慣れてきたら連続で跳んだり、片足立ちで勢いをつけ、側方倒立回転のようにしてもいい。

☯ 用意するもの

- □ マット
- □ 動物カード (ウサギ)
- □ 手形、足形 (フェルトでつくる)
- □ 布 (幅90cm ぐらい、
  長さはマットの横幅で川に見立てる)

ねらい

・逆さ感覚や腕支持感覚を高め、体を使って身体表現をする。

・ウサギのパフォーマンスを通じ、側方倒立回転につながる大きな動きをつくる。

利き足が反対の人は左側からスタートするといいよ

POINT ● 右側に手形を置いたほうがいい子と、左側に置くほうがいい子がいます。片足立ちで勢いをつける時、左足で立っている子は右側に、右足で立っている子は左側に手形をおきましょう。

 内のサイドタブ: 室内 / プールあそび / ちょこっとあそび

65

ビーチフラッグ走

浜辺でよく行われるビーチフラッグ走ですが、室内でも十分楽しむことができるゲームです。

✪ あそび方

① スタート位置を決め、少し離れたところに
フラッグを置く。うつぶせでスタンバイ。

② 合図に合わせ、フラッグを取りにダッシュ
し、一番にフラッグを取れた人の勝ち。

③ 一度フラッグをゲットした人は、頭の向きを反対側にするなど
姿勢を変えて挑戦しよう。

✪ 用意するもの

☐ 手づくりフラッグ　3個ほど

●手づくりフラッグのつくり方

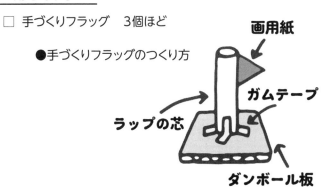

画用紙

ガムテープ

ラップの芯

ダンボール板

ねらい

・スタートダッシュを意識しながら競争
を楽しむ。

よ～い‥

指導上の留意事項

スピードがゆっくりな子は、立った姿勢からスタートするなど実態に応じ配慮する。また、車い
すなどを利用している子が参加している場合は、フラッグが取りやすくなるように台の上にビー
チフラッグを置くなど配慮する。

● 4人で競う時は、フラッグを3個置くなどして、成功率を高めます。

67

いろいろな姿勢で鬼ごっこ

鬼ごっこは足の速い子どもが得意なあそびですが、四つばいや、仰向けの姿勢でする鬼ごっこでは、子どもたちの動きは変わります。どんな姿勢が動きやすいかな。

✪ あそび方

① じゃんけんなどで鬼役を決める。参加人数が多い場合は、鬼の人数を増やしてもいい。鬼になった人は、どの姿勢で逃げるかを決める。

② 鬼役はわかるように角をつけ、他の人は少し離れてスタンバイする。

うさぎのポーズ

③ 「よーい、ドン！」の合図に合わせ、鬼に捕まらないよう逃げ回る。

よ〜いドン！

④ 捕まった人が次の鬼になる。鬼になった人は、次はどんな姿勢で逃げるかを決め、ゲームを再開する。

あざらしのポーズ

☆ 用意するもの

☐ 手づくりの鬼の角
(帽子などで代用可。誰が鬼かわかりやすくするためです)

オニの
イメージ

ねらい

・体の各部位を積極的に使いながら、鬼
ごっこあそびを楽しむ。

あざらし

ぼくも
できるよ

指導上の留意事項

車いすなどを使用している子どもは、腕支持での移動が得意な子もいます。
あざらしポーズや四つばいの動物系の動きを取り入れるとよいでしょう。

● 動きやすい姿勢と動きにくい姿勢がありますので、状況に応じて工夫しましょう。

なわとびアラカルト

手軽に1人でも楽しめるなわとびですが、みんなでいっしょに跳ぶと、楽しさがもっと広がります。

 あそび方

1 おおなわくぐり抜け　なわを跳ぶのではなく、なわの後を追いかけるように入り込み、なわを抜けていくあそび。（車いすの人も楽しめます）

2 みんなでなわとび①　1人ずつ順に跳ぶのではなく、縄に対し横1列になり、タイミングを合わせて跳ぶあそび。

☆ 用意するもの

☐ おおなわ

ねらい

・みんなで息を合わせ、なわとびのパフォーマンスを楽しむ。

指導上の留意事項

おおなわくぐり抜けで、車いすや歩行がゆっくりな子どもが参加する場合は、なわをゆっくり大きく回すなど配慮しましょう。

③ **みんなでなわとび②**

なわを回している人も一緒に跳ぶ。なわを持っている人は後ろ側になわを構え、息を合わせて、大きく前方になわを回す。

POINT

● おおなわの中心にスズランテープで小さなポンポンをつけておくと、なわの動きがわかりやすく、跳びやすくなります。
● 「1、2の3〜！」など、声を出してタイミングを合わせることで跳びやすくなります。

71

プールスティックゴルフ

レクリエーションとしてよく行われるゴルフゲーム。身近なものを使ってかんたんに楽しめます。

★ あそび方

1 コースを自分たちでつくる。
わざと障害物を置いたり室内のものをうまく
利用するとおもしろいコースがつくれる。

2 スティックのクラブは共有してもかまわない
が、ボールは自分のものを用意すると競い
合いやすくなる。

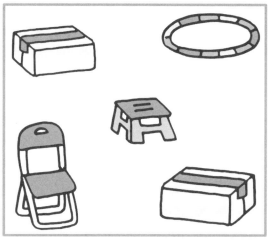

3 ゴールになるべく少ない打数で入れた人が
勝ち。

4 1ホール終了したら、相談しながら新しい
コースをつくる。

✪ 用意するもの

- ☐ プールスティックのクラブ
  （10cm ぐらいのプールスティック＋
  60cm ぐらいの塩ビパイプ）
- ☐ 手づくりボール（新聞紙をしっかり握り、団子状にして
  ガムテープでぐるぐる巻きにする）
- ☐ フープ、またはリング（ホールの代わり）

プールスティック →　←　塩ビパイプ

 ● コースづくりにおいて、みんなが楽しめるように工夫することが大切になります。

沈没ゲーム

みんなで楽しめるあそびです。指示する人の声をよく聞いて動きましょう。

///

✪ あそび方

① 全員が敷物を船に見立て、乗り込む。

② 鬼役を1人決める。

> オニ
> やります!

③ 鬼役が「沈没〜!」といったら、みんなはいったん自分の船から降りて、違う船に乗り込む。鬼役は船に乗っていない人を捕まえる。

沈没
〜!

④ 捕まった人が鬼になる。鬼役を交代して繰り返す。

> つかまえた!

❂ 用意するもの

☐ マットなどの敷物

ねらい

・みんなで移動する雰囲気を味わいながら、あそびを楽しむ。

沈没〜！

「ち」のつく、ちがうことばも入れてみよう！

POINT
- はじめは指導者が手本を見せるなどして、ルールをわかりやすく説明します。
- 「沈没！」だけではなく、「ち、……ちりとり〜」など、違うことばを言ってひっかけるのもありです。

水上玉入れ鬼ごっこ

プールで鬼ごっこを楽しみながら、水の中で自由に体を動かすことを体験しましょう。水に慣れるには最適です。

✪ あそび方

① ボールを全部かごに入れ、みんなはその周辺に集まる。

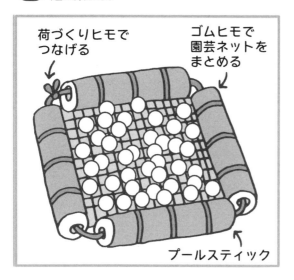

荷づくりヒモで
つなげる

ゴムヒモで
園芸ネットを
まとめる

プールスティック

② カウントダウンでかごの中のボールを周辺に飛ばし、みんなは、その玉を拾ってかごに入れに行く。

③ 指導者はかごを持ってかんたんには入らないように逃げ回る。

★ 用意するもの

☐ 水中玉入れかご
（プールスティック4本をつなげ、正方形の形にします。それに園芸用ネットを張り、ゴムひもなどで固定します）
（①を参照）

☐ ボール多数（ボールプールなどで使用しているやわらかいビニール製のものが最適です）

ねらい

・かごのゴールを追いかけながら、ゲームを楽しむ。
・水中での自由な体の動きを引き出す。

〜MEMO〜
スタートの時、打ち上げ花火のように上方にいっぱい飛ばすと、見ごたえがありますよ。

POINT ● かごを持って逃げるのも子どもに任せてもかまいませんが、指導者が届くか届かないかの距離で逃げるともり上がります。

室内・外あそび

プールあそび

ちょこっとあそび

プールスティックあそび

（クラゲ浮き）

プールスティックは、簡易浮き輪として活用できます。うまく力を抜いて背浮きになると、いつまでもぷかぷか浮くことができます。

☆ あそび方

① 結び目を前向きにして、プールスティックを浮き輪のようにつける。

② 力を抜いてゆっくり体を仰向けにする。

③ そーっと浮き身になり、手足をゆっくり動かし自由に進む。

☆ 用意するもの

- □ プールスティック

  （ひもを通して結び、浮き輪状にします）

> **ねらい**
>
> ・水に体をゆだね、浮くことを楽しむ。
> ・浮くために必要な力の抜き方がわかる。

力をぬいて
クラゲ気分で
やってみよう♫

ぷか〜っ

ぷか〜っ

ぷか〜っ

ぷか〜っ

室内・外あそび

プールあそび

ちょこっとあそび

POINT

● 真上を見るようにしながら「大の字」になるとバランスがとりやすくなります。

● 浮かんでいる時は息をしっかり吸い、体の力を抜くようにしましょう。体に力を入れるとすぐに沈んでしまいます。

プールスティックあそび
（レスキュー部隊）

水面にロープを張り、手で引っ張りながら進むと、泳ぐ時よりもかなり早く水中を進むことができます。

✪ あそび方

① ロープをプールサイドのフックやコースロープ など固定できる場所に固定する。

② プールスティックは結び目を後ろにする。

ロープ

浮き輪の
かわり

③ ロープを引っ張りながら浮き身になり、ぐんぐん進んでいく。

★ 用意するもの

□ プールスティック　人数分
　（ひもを通して結び、浮き輪状にします）
□ ロープ

> ### ねらい
> ・水中で浮き身の姿勢になり、進むことを楽しむ。
> ・浮き身を取るための姿勢の取り方がわかる。

 ● 慣れてきたら、プールスティックを外しても大丈夫です。

新聞紙走

新聞紙1枚で楽しめる、ちょこっとあそびです。どういう姿勢で走ったら胸に当てた新聞紙が落ちないか、工夫しながら走る楽しみも出てきます。

★ 用意するもの

□ 新聞紙

ねらい

・新聞紙が落ちないよう力いっぱい走ることを楽しむ。

✿ あそび方

① 新聞紙を胸に当ててスタンバイする。
② 合図に合わせ、胸に当てた新聞紙が落ちないよう走る。

● 広い場所ならラインなどひかずに自由に走っても大丈夫ですが、コースがあったほうが安全でしょう。（友だちの走っている様子を見て楽しむこともできます）
● 走り方のコツは顔を上げて、胸を起こすことです。（新聞紙が落ちにくいです）

新聞紙幅跳び

新聞紙はいろいろなあそびに使えます。砂場に敷いておくと、どのくらい力を入れて、どの角度に踏み切ったらいいのか視覚的な情報が伝わり（アフォーダンス）、体の動きが引き出されやすくなります。

⭐ 用意するもの

☐ 新聞紙

室内・外あそび

プールあそび

ちょこっとあそび

ねらい

・新聞紙を踏まないよう力いっぱい跳ぶことを楽しむ。

⭐ あそび方

① 砂場に新聞紙を敷いたコースをつくる。

② 自由にどんどん、挑戦していく。

助走つけてね！

POINT ● 軽く跳び越せるコースから、思い切り跳ばないと届かないコースまでいくつか設定し、子どもが選べるようにするとよいでしょう。

ボールかご鬼ごっこ

100円ショップで市販されているプールスティックを使用すると、大きなボールかごをつくることができます。これなら、安全に追いかけ玉入れふうのゲームを楽しめます。

★ 用意するもの

- □ ゴムボール（直径20cmぐらいの軽いもの）多数
- □ プールスティックでつくったボールかご

ねらい

・鬼の動きを見ながら動きを予測してゲームを楽しむ。

★ あそび方

1. かごの中のボールを全部床に転がしておく。
2. 鬼役の人を1人決め、その人が空になったボールかごを背負う。
3. 合図で一斉にかごの中にボールを入れる。
4. 全部ボールを入れられたら、鬼役の人が負け。30秒間逃げ切ったら鬼役の勝ちにしてゲームを続ける。

● 最初は教員や指導者が鬼役をやり、手本を見せるといいでしょう。
● ボールへの意識が乏しい子や積極的にゲームに入り込めない子どもは、教員や指導者から意図的に近づいてシュートの動きを引き出しましょう。

ゴロ卓球

動きにハンディのある子どもたちに対し、つい遠慮して加減してしまったりしていませんか。中には「本気で楽しみたい」と思っている子どもも多いはずです。そのような子どもたちとともに楽しめるゲームです。

✪ 用意するもの

- ☐ 卓球台
- ☐ 卓球ネットと支柱
- ☐ ピンポン玉
- ☐ ラケット（平たい板でもよい）
- ☐ 角材（5cm×5cm×180cm）2本
- ☐ いす 2 脚

✪ あそび方

1. 卓球は互いに座位ではじめる。（座面からおしりを浮かせないようにする）
2. 卓球ネットを5cm ほど上にずらし、両端に角材をセットする。
3. ハンディに応じて角材の幅を変える。
4. 卓球のルールに準じてゲームを進める。

 ● 大人が相手の場合は、卓球台から角材がはみ出るぐらい広げてもよいです。

ターゲット野球

室内でできるかんたんな野球型ゲーム。いろいろな的を用意することで楽しみが広がります。

ねらい

・バットでボールを思い切り飛ばす爽快感を味わいながらゲームを楽しむ。

・ねらったところにボールを飛ばすための道具操作の方法がわかる。

☆ 用意するもの

☐ プラスチック製バット

☐ ティー (※図参照)

☐ やわらかいゴムボール (直径 20cm ぐらい)

☐ 的 （段ボールを積んでも、壁に得点を張りつけてもよい。的は自由に設定しましょう)

＜図＞

プールスティック ▶ 少しけずってくぼみをだす

差し込む→

☆ あそび方

① 何人でも楽しめる。

② ティーにボールをセットする。

③ 「1人5球」などルールを決め、順番にボールを打つ。

④ 当たった的の得点の合計で競い合う。

POINT

● ティーの上に置いたボールの中心が腰の高さあたりにくるよう、プールスティックの高さを調整しましょう。

● バットがなければ、複数のティーを用意し、使ってないほうのティーをバット代わりにすると手軽に楽しめます。

パネルめくりゲーム

陣取りゲームのように、パネルをひっくり返し合いながら、自分たちの陣地を増やしていくゲームです。
けっこう運動量もありますよ。

✪ 用意するもの

□ パネル多数（20 ～ 30cm ぐらいの正方形カード）
　 表と裏で違う色にします。（表面は青、裏面は赤など）
　 参加人数が多い時はたくさん用意しましょう。

ねらい

・協力して、なるべく自分の
　チームカラーのパネルがそろ
　うようひっくり返してゲーム
　を楽しむ。

✪ あそび方

① 表と裏で色の違うパネルをばらまく。（表裏同数になるようにする）
② 自分たちのチームカラーを決める。（A チームは青、B チームは赤など）
③ 「よーい、ドン！」で一斉に自分たちのチームカラーになるようパネルをひっくり返していく。
④ 1 回ひっくり返されても、再びひっくり返すことができる。
⑤ 制限時間まで続けて、最終的にチームカラーのパネルの多いチームが勝ち。

● 参加人数が多い時は小グループに分け、応援し合える体制をつくるともり上がり
　ます。

室内・外あそび

プールあそび

ちょこっとあそび

ペットボトルボウリング

微妙に曲がる手づくりボールやボーナス得点のルールづくりを工夫することでもり上がり、室内で気軽に楽しめます。

☆ 用意するもの

- □ ペットボトル 10 本
- □ 手づくりボール (新聞紙を固く丸めてつくります。直径 10cm ぐらいが目安)

☆ あそび方

① ペットボトルのうち 1 本はボーナスピンとして水を少し入れて、倒れにくくする。
（ボーナス得点は自由に設定して可）

② ボウリングのルールに準じてゲームを進める。

ボーナス特典を
ねらって～！

POINT

● 微妙にまっすぐ転がらないボールがゲームのおもしろみを引き出します。
● ボーナス得点を加えることで計算の学習にもなります。

ボール取り合戦ゲーム

１チーム３人、４チームで競い合います。ボールを自陣のゴールに運び込むだけのかんたんなゲームですが、楽しみながら球技の基本的な動きを学ぶことができたり、さまざまな作戦を立てたりと、学習要素も満載です。

✪ 用意するもの

- ☐ ポートボール台4台
- ☐ 段ボール箱（60cm×60cm 程度）4個
- ☐ ボール（４号球）参加人数×2個ぐらい

✪ あそび方

① 中央にたくさんのボールを置き、自陣のゴール（段ボール）に運び込む。
② 一度に持てるボールは１つだけ。中央のボールがなくなったら、他チームのゴールからボールを運び込んでもよい。
③ 制限時間（1〜2分）でゴールに一番多くボールのあるチームが勝ち。

- ● ゴールを３つにして３チームでも楽しめます。
- ● 「ボールの保持は１つずつ」という基本ルールを確認しておきます。
- ● 身体接触が激しくならないよう、事前にルールを決めておきましょう。

室内・外あそび

プールあそび

ちょこっとあそび

ボール運びゲーム

相手の動きを感じながら協力して楽しむゲームです。交流会などでもり上がりますよ。

★ 用意するもの

- ☐ ボール（やわらかいもの。直径20cmぐらい）
  各チーム1個
- ☐ 新聞紙の棒（各チーム2本）
- ☐ 三角コーン（折り返し地点の目印として）

★ あそび方

1. 数人ずつのチームをつくり、一緒に競走するペアを決める。
2. ペアになる友だちと新聞紙の棒を両手に持ってボールをはさむ。
3. 「よーい、ドン！」の合図に合わせ、ペアでボールを棒ではさみながら移動し、折り返し地点を通って帰ってくる。

- ● 移動の仕方やスピードなど、相手の動きをよく見て、合わせて動くようにしましょう。「1、2」など声をかけ合いながら、リズムがつかめてくると速く動けます。
- ● 新聞紙棒リレーでやり方がつかめてきたら、お互いの背中でボールをはさむなど、少し難しくして挑戦するのもよいでしょう。

フラフープいす取りゲーム

いす取りゲームのフラフープ版です。1つのフープに何人入ってもいいですよ。
子どもたちの好きな曲をかけてもり上げましょう。

⭐ 用意するもの

☐ フラフープ　人数分
☐ BGM

ねらい

・ルールのあるあそびをみんな
　で楽しむ。
・ハラハラドキドキ感や友だち
　との密着感を味わう。

⭐ あそび方

① フラフープを円周状に並べる。
② BGM が流れ出したらフラフープの外側をゆったりと回り、BGM が止まったら、近くのフープの中に
　入る。入れなかった子どもは近くの友だちのフープに入れてもらおう。
③ だんだんフープの数を減らして、同じように繰り返す。

 ● 授業の導入、集会活動などいろいろなところで気軽に取り組めます。
● 入る時、「入れてください」「はい、どうぞ」などのやり取りをすることで、コミュ
　ニケーションの向上にもつながります。

室内・外あそび

プールあそび

ちょこっとあそび

ミッキーさん
（スピードコントロール走）

曲をよく聞きながら曲の変化に合わせて走ったり歩いたりするゲームです。
室内でも屋外でも、何人でも遊べるゲームです。

☆ 用意するもの

□ BGM　（「ミッキーマウス・マーチ」と「トランペットの休日」のような、行進しやすい曲と速いリズムの曲を5〜10秒ずつぐらい繰り返し入れたもの）
　　　※曲は例なので、自由に選曲してください。

ねらい
・スピードやリズムをコントロールして体の変化を楽しむ。
・みんなで一緒に楽しさを味わう。

動きがゆっくりの子はコースの内側を走るなど配慮するといいよ

☆ あそび方

1. 周回できるコースを決める。
2. 「ミッキーマウス・マーチ」の曲に合わせて、しっかり足をあげながら歩く。
3. 途中曲が変わったら、力いっぱい走り、元の曲に戻ったらまた歩く。
4. これを繰り返す。

POINT
● 最初は指導者が先導するなど、雰囲気づくりをしましょう。
● 曲の間隔は、5〜10秒以内でテンポよく切り替えるといいでしょう。

48 ターゲットフライングディスク

フライングディスクは手首のスナップだけで遠くまで飛ばすことができます。的をつくり、ねらいを定めてゲームを楽しみましょう。

☆ 用意するもの

- □ ミニサッカーのゴール（物干し台と物干しざおでもいい）
- □ フラフープや段ボール箱（的の代わり）
- □ フライングディスク

ねらい

・友だちと競い合いながら、フライングディスクのゲームを楽しむ。

☆ あそび方

1. サッカーゴール（物干しざお）にフラフープや段ボール箱をセットする。
2. 投げる位置を決め、順番に投げていく。

指導上の留意事項

投げるのが難しい子は、みんなが投げるところより前で投げるなど配慮してみましょう。

● 大きな的は1点、小さめの的は3点など、大きさに応じ得点に差をつけると楽しみが広がります。

室内・外あそび

プールあそび

ちょこっとあそび

おわりに

　わたしは肢体不自由児の支援学校から教員生活がスタートしました。子どもたちの多く
はスクールバスに乗ってきますが、中には長時間スクールバスに乗ることが難しく、毎日
保護者の方が送迎してこられるケースもありました。授業が終わり、保護者が子どもを迎
えに来られますが、毎日が個人懇談のようで、子どもがどのように教材に向き合い、どん
なパフォーマンスをしたのか話は尽きませんでした。

　子どもの中には比較的障害の重い子どももいましたが、たとえ体を動かすことが難しく
ても、子どもたちはやりたい気持ちを持っていて、それをわずかな体の動きや目線、表情
などで一生懸命伝えにくるのです。そのような子どもの願いに応えようと、わたしも教材
づくりに没頭しました。「どうすれば子どもの願いに応えることができるか」、まずわたし
は「できる」ことを大事にするようになりました。

　異動先の2校目は知的障害の支援学校でした。肢体不自由児の支援学校とは子どもの動
きが全然違いました。しかし、そのダイナミックな動きの中にも、子どもの困り感や願い
が小さく見え隠れしていることに気づきました。それは先に肢体不自由児の支援学校に勤
め、子どもたちの精一杯のサインを「見逃すまい」と常にアンテナを張っていたから気づ
けたことだと思います。

　子どもたちは「やりたい」という気持ちを強く持っているのに、どのようにすればそれ
ができるのか、「わかる」という部分でつまずきを持っていました。足の不自由な子ども
が移動する際に「車いす」を使うことで移動の幅が広がるのと同じように、知的障害のあ
る子どもたちは「わかる」ことを最大限に支援する必要があるのです。こうしてわたしの
中には「わかる」「できる」の2つの重要な視点が関連をもってつながりました。

　わたしが教員生活を続けている間に特別支援教育は大きく様変わりをしていきました。
そもそも「特別支援教育」という名称が使われはじめたのは2007年からで、それまでは「養
護教育」という名称でした。障害者が社会参加をしていくためには乗り越えていかなけれ
ばならないいくつもの壁があり、「バリアフリー」「インテグレーション（統合教育）」と
いう流れを経て、今の「インクルージョン」という形ができています。

　この間、国際社会においては、２００６年、国連総会で「障害者の権利に関する条約」
が採択され、障害を理由とする差別の禁止と「合理的配慮」が認められました。日本も法
整備に時間はかかりましたが「障害者差別解消法」が施行され、インクルーシブ教育が進
められることになりました。このように障害児者をめぐる情勢は一定前進したようにみえ
ます。

しかし、特別支援教育は「1人ひとりのニーズに応じた教育」を本当に保障できているでしょうか。確かに「困っている子ども」に支援の光が向けられるようになったのは事実です。しかし、その解決方法が「支援の方法を考える」ではなく、安易に「支援学級」や「支援学校」のコースに峻別することに終始していないでしょうか。事実、特別支援教育が始まって以来、支援学級や支援学校に在籍する児童生徒の数はさらに増加の一途をたどっています。

　全国の支援学校では、教室の数が足りず、特別教室をHR教室に転用したり、1クラスあたりの児童生徒数を増やし（圧縮学級）たりすることが続いています。大阪府ではさらに通学区域割を変更し、学校という器に合わせるかのように児童生徒数を調整しています。目の前の支援学校を通り越して遠くの支援学校に通う子どもたちはどんな思いで毎日通学しているのでしょうか。このような情勢をみると障害児者の人権は、まだ、道半ばといったところです。

　「この子らを世の光に」。このことばは「障害者」も「健常者」もともに生きる社会こそが豊かな社会だという信念のもと、「近江学園」を創設し、「重度障害者」と向き合い、強い意志をもって実践し続けた糸賀一雄の有名なことばです。今のインクルーシブ教育を本気で行っていこうと思うなら、「障害のある子どもたちが『世の光』として輝ける社会こそが豊かな社会」と確信し、環境整備から行わなければなりません。

　目の前をみると、毎日、「今日はどんなことができるんだろう」と目を輝かせている子どもたちがいます。また、学童の場や放課後等デイサービスの事業所においても、子どもたちは学校とはまた違う集団をつくり、目を輝かせて毎日を過ごしていることでしょう。

　そのようなすべての子どもたちが、その目の輝きを失わないよう、私たち教員や指導者も力を合わせ、ともに学びながら、障害のある人もない人もともに楽しめる活動を模索していくことは非常に大切なことと思います。本書がその一助になればと考えています。

　最後になりますが、この本の執筆にあたっては、いかだ社の内田直子様に執筆についての詳細を教えてもらったり、体育の授業にこだわらず、運動あそびとして子どもを取り巻く多様な現場で活用できるよう視野が広がるアドバイスをもらったり、わたしのペースに合わせ原稿を待ってくれたりしました。御礼申し上げます。

2024年3月　辻内俊哉

● プロフィール ●

辻内俊哉（つじうち　としや）

大阪府立泉南支援学校教諭。学校体育研究同志会会員。

【主な共著】
『みんなが輝くシリーズ⑦障害児体育の授業』（創文企画）
『新みんなが輝くシリーズ5障害児体育の授業』（創文企画）
『体育・スポーツおもしろなぜなぜランド』（いかだ社）

【参考文献・引用文献】
『「発達の最近接領域」の理論』ヴィゴツキー著　土井捷三・神谷英司訳（三学出版）
『発達の扉・上』白石正久著（かもがわ出版）
『アフォーダンス　新しい認知の理論』佐々木正人（岩波書店）
『障害者権利委員会総括所見とインクルーシブ教育』越野和之・児嶋芳郎・
「みんなのねがい編集部」著（全国障害者問題研究会出版部）

【協力】
大久保裕章 / 小池深志 / 小嶋一祥 / 甲田佳苗 / 笹田哲平 / 竹内　進 / 土佐朝一 / 前田恵美
日本ふうせんバレーボール協会

イラスト●伊東ぢゅん子
編集●内田直子

障害のある子とともに楽しむ インクルーシブ運動あそび

2024 年 3 月 12 日　第 1 刷発行

著　者●辻内俊哉
発行人●新沼光太郎
発行所●株式会社いかだ社
　　　　〒 102-0072　東京都千代田区飯田橋 2-4-10　加島ビル
　　　　Tel.03-3234-5365　Fax.03-3234-5308
　　　　E-mail　info@ikadasha.jp
　　　　ホームページ URL　http://www.ikadasha.jp/
　　　　振替・00130-2-572993
印刷・製本　モリモト印刷株式会社